BEI GRIN MACHT SICH IHR WISSEN BEZAHLT

AF135851

- Wir veröffentlichen Ihre Hausarbeit, Bachelor- und Masterarbeit

- Ihr eigenes eBook und Buch - weltweit in allen wichtigen Shops

- Verdienen Sie an jedem Verkauf

Jetzt bei www.GRIN.com hochladen und kostenlos publizieren

Bibliografische Information der Deutschen Nationalbibliothek:

Die Deutsche Bibliothek verzeichnet diese Publikation in der Deutschen National-
bibliografie; detaillierte bibliografische Daten sind im Internet über http://dnb.d-
nb.de/ abrufbar.

Impressum:

Copyright © 2017 GRIN Verlag
Druck und Bindung: Books on Demand GmbH, Norderstedt Germany
ISBN: 9783346001177

Dieses Buch bei GRIN:

https://www.grin.com/document/386073

Michael Maier

Electronic Data Interchange (EDI) am Beispiel EDIFACT

GRIN Verlag

GRIN - Your knowledge has value

Der GRIN Verlag publiziert seit 1998 wissenschaftliche Arbeiten von Studenten, Hochschullehrern und anderen Akademikern als eBook und gedrucktes Buch. Die Verlagswebsite www.grin.com ist die ideale Plattform zur Veröffentlichung von Hausarbeiten, Abschlussarbeiten, wissenschaftlichen Aufsätzen, Dissertationen und Fachbüchern.

Besuchen Sie uns im Internet:

http://www.grin.com/

http://www.facebook.com/grincom

http://www.twitter.com/grin_com

FOM Hochschule für Ökonomie & Management

Studienzentrum Stuttgart

Seminararbeit

2. Semester - Modul Fallstudie / Wissenschaftliches Arbeiten

Berufsbegleitender Studiengang Wirtschaftsinformatik (B.Sc.)

EDI – Electronic Data Interchange im ERP

am Beispiel EDIFACT

Verfasser: Michael Maier

Abgabedatum: 31.07.2017

Inhaltsverzeichnis

Abkürzungsverzeichnis

ANSI	American National Standards Institute
CEN	Comité Européen de Normalisation
DIN	Deutsches Institut für Normung e.V.
EANCOM	European Article Numbering Communication
EDCD	EDIFACT Composite Data Element Directory
EDED	EDIFACT Data Element Directory
EDI	Electronic Data Interchange
EDMD	EDIFACT Standard Message Directory
EDSD	EDIFACT Segment Directory
ELSTER	Apronym für Elektronische Steuererklärung
GAEB	Gemeinsamer Ausschuss Elektronik im Bauwesen
HTML	Hypertext Markup Language
ISO	International Organisation of Standardization
ODETTE	Organisation for Data Exchange by Tele Transmission in Europe
openTRANS	offener Standard zur Unterstützung von EDI
SGML	Standard Generalized Markup Language
SWIFT	Society for Worldwide Interbank Financial Telecommunication
UN	United Nations
UN/EDIFACT	Electronic Data Interchange For Administration, Commerce and Transport
VDA	Verband der deutschen Automobilindustrie
XBRL	eXtensible Business Reporting Language
XML	Extensible Markup Language

Abbildungsverzeichnis

Tabellenverzeichnis

1. Einleitung

Im Folgenden wird auf das Thema und der daraus resultierenden Problemstellung eingegangen, so wie dem Aufbau dieser wissenschaftlichen Arbeit.

1.1. Problemstellung und Thema

Mit der zunehmenden Vernetzung der weltweiten Wirtschaft im Zuge der Globalisierung,
so wie den immer umfangreicher und komplexer werdenden Prozessen der elektronischen
Datenverarbeitung stieg auch die Nachfrage diesen Datenaustausch möglichst schnell
aber dennoch effizient zu gestalten. Mit EDI (Electronic Data Interchange) entwickelte
sich eine wichtige Methode des elektronischen Datenaustauschs, der wie folgt beschrieben wird:

„Unter EDI wird [...] der interventionsfreie Austausch strukturierter Daten verstanden,
die unter Nutzung elektronischer Datenübertragung zwischen Applikationen beteiligter
Kommunikationspartner transferiert werden.“[1]

Da bei EDI die Verarbeitung der übertragenen Daten von einer Applikation durchgeführt
wird, ist die Entwicklung von Normen und Standards enorm wichtig. Die vielfältigen und
prozessabhängigen Anforderungen der Unternehmen führte zu der Entwicklung von zahl-
reichen Nachrichtenstandards, die meist branchen- oder regionsabhängig sind.[2] Der internationale und branchenunabhängige Standard UN/EDIFACT (Electronic Data Interchange For Administration, Commerce and Transport), welcher von einer Einrichtung
der Vereinten Nationen (UN) etabliert wurde, war daher ein bedeutsamer Schritt für die
Vereinheitlichung eines universalen und weltweit anerkannten Standards.[3]

1.2. Aufbau der Arbeit

Zunächst findet eine Begriffsabgrenzung von EDI, sowie eine Darstellung gebräuchlicher
Normen und Standards statt. Anschließend werden die Grundzüge des UN/EDIFACT-

---

[1] Schmoll, Thomas, Nachrichtenaustausch mit EDI/EDIFACT, 1994, S. 15

[2] Vgl. https://de.wikipedia.org/wiki/Elektronischer_Datenaustausch, Zugriff am 27.07.2017

[3] Vgl. http://www.unece.org/trade/untdid/texts/d422_d.htm#aa, Zugriff am 27.07.2017

Standards erläutert und praktische Einsatzmöglichkeiten skizziert. Mit XML und EAN-COM werden Weiterentwicklungen der ursprünglichen EDI- bzw. UN/EDIFACT-Norm behandelt. Am Ende erfolgt noch eine zusammenfassende Betrachtung – das Fazit.

2. Grundlagen

Im Folgenden wird eine Abgrenzung von EDI, bzw. eine Begriffserklärung durchgeführt. Des Weiteren wird auf die Motivation für eine Einführung von EDI in einem Unternehmen eingegangen und die Notwendigkeit einen internationalen und branchenübergreifenden Standard zu definieren.

2.1. Abgrenzung EDI

Zunächst werden die relevanten Begriffe der Definition erläutert. Strukturierte Daten sind durch eine präzise Festlegung ihrer Zusammensetzung charakterisiert. Die auszutauschende Information muss bezüglich Syntax und Semantik determiniert und zwischen Sender und Empfänger abgestimmt sein.[4] Damit sind die Voraussetzungen für eine interventionsfreie, d.h. automatisierte Kommunikation geschaffen. Interventionsfreiheit bezeichnet dabei den Zustand, dass keine unmittelbare menschliche Einwirkung auf den Kommunikationsprozess gegeben ist. Sofern die Kommunikation bereits konfiguriert bzw. implementiert wurde, ist menschliche Intervention nur notwendig, wenn Fehler auftreten.

Da Sender und Empfänger der übertragenen Daten Applikationen sind, müssen Syntax und Semantik definiert sein um die Weiterverarbeitung gewährleisten zu können. Der technische Ablauf der Übertragung entspricht einem Filetransfer zwischen den beteiligten Kommunikationspartnern.

Als Spezialisierung der allgemeinen (nicht zweckgebundenen) Definition wird in der Praxis mit dem Begriff EDI der Austausch von Geschäftsdaten bezeichnet. EDI ist damit ein Teilbereich des elektronischen Handels.

Die Einsatzgebiete von EDI sind primär Geschäftsprozesse mit stark automatisierten Abläufen, hohem Routinecharakter und hohem Volumina. Gemäß den erläuterten Eigen-

---

[4] Vgl. https://de.wikipedia.org/wiki/Elektronischer_Datenaustausch, Zugriff am 27.07.2017

schaften sind automatisierte Abläufe und Routinen die Voraussetzungen für eine reibungslose Übertragbarkeit und Durchführung der Abläufe in elektronischer Form. Dominierendes Einsatzgebiet von EDI stellt in der Praxis die Auftragsabwicklung zwischen Unternehmen dar, da diese die genannten Kriterien weitestgehend erfüllt.[5]

2.2. Motivation zum Einsatz von EDI

Die Motivation zum Einsatz von EDI ergibt sich aus den allgemeinen Vorteilen des elektronischen und automatisierten Datenaustauschs. Zum einen werden Übertragungs-, Verarbeitungs- und Antwortzeiten verringert, zum anderen kann eine Minderung der Fehlerrate erreicht werden. Alleine durch den elektronischen Rechnungsversand durch EDI können bis zu 70 % der laufenden Kosten eingespart werden.[6] Die Amortisationszeit der Einführungskosten einer EDI-Lösung ist daher meist sehr gering. Durch die entsprechende Ausprägung dieser essentiellen Vorteile können durch den konsequenten Einsatz von EDI unter anderem folgende Ziele erreicht werden[7]:

- Schnellere Übertragungszeiten
- Geringere Übertragungskosten
- Kosteneinsparungen bei Tätigkeiten zum Datenhandling
- Vermeiden von Doppelarbeit
- Engere Bindung von Geschäftspartnern
- Verringerung von Lagerbeständern (Kapitalbindung)
- Höhere Kundenzufriedenheit durch schnellere und fehlerfreie Abwicklung
- Bessere Auswertungsmöglichkeiten (Statistiken)
- Mitarbeitermotivation durch Minderung von Routinetätigkeiten

Insgesamt kann ein Wettbewerbsvorteil für das Unternehmen entstehen. Neben den o.g. „freiwilligen" Motivationen können auch Forderungen von Kunden oder Lieferanten das Unternehmen zur Einführung von EDI drängen.[8]

---

[5] Vgl. http://edi-wissen.de/edi/konzepte/edi/, Zugriff am 27.07.2017

[6] Vgl. Pur, Sabine, Stahl, Ernst, Wittmann, Georg, Weisheit, Silke, 70 % Kosteneinsparungen beim Mittelständer, 2012, S. 10

[7] Vgl. GS1 Switzerland, EDI Electronic Data Interchange, 2017, S. 6

[8] Vgl. https://ecosio.com/de/blog/2015/01/22/Was-ist-elektronischer-Datenaustausch-EDI-und-was-sind-die-Vorteile-durch-EDI/, Zugriff am 27.07.2017

2.3. Normen und Standards

Der Austausch elektronischer Geschäftsdaten kann nur dann erfolgreich sein, wenn zwischen Sender und Empfänger Einigkeit bezüglich Struktur und Inhalt der übertragenen Informationen besteht. Um dieses Ziel zu erreichen, wurden von verschiedenen Parteien (Marktteilnehmer, Interessenverbände, Normierungsinstitutionen) standardisierte elektronische Geschäftsnachrichten entwickelt. Neben Insellösungen einzelner Unternehmen entstanden zahlreiche Normen und Standards mit unterschiedlichem Regional- oder Branchenbezug. Tabelle 1 stellt eine Auswahl etablierter Spezifikationen dar.

Tabelle 1: Auszug der verschiedenen EDI-Standards

	branchenabhängig	branchenunabhängig
national	GAEB (Bauwesen Deutschland) VDA (Automobil Deutschland) ELSTER (Steuererklärung Deutschland)	ANSI X.12 (USA) openTrans (Deutschland)
regional	SWIFT (Banken Europa) ODETTE (Automobil Europa) XBRL (Finanzen USA)	
international		UN/EDIFACT

Quelle: Eigene Darstellung

Mit der zunehmenden Verbreitung von EDI wurden die Nachteile von Insellösungen deutlich, da ein branchenübergreifender, internationaler Einsatz nicht möglich war. Erst der von den Vereinten Nationen entwickelte Standard UN/EDIFACT konnte diese Beschränkungen überwinden.

3. UN/EDIFACT

UN/EDIFACT definiert ein weltweit spezifiziertes Regelwerk, das den elektronischen Austausch von Handelsdokumenten im Rahmen des branchenübergreifenden Geschäftsverkehrs ermöglicht. Insbesondere für die Auftragsabwicklung, die naturgemäß zahlreiche Schnittstellen zu Geschäftspartnern aufweist, ergeben sich vielfältige Möglichkeiten zur Substitution papiergebundener Kommunikation durch elektronische Datenübertragung mittels UN/EDIFACT: Angebotsanforderung, Angebotsausstellung, Bestellung,

Liefermeldung, Rechnungsstellung, Zollerklärung, Zahlungsauftrag oder Zahlungsbestätigung können neben vielen anderen Vorgängen in elektronische Form überführt werden.[9] UN/EDIFACT ist unverändert in die ISO-, CEN- und DIN-Normenwerke übernommen worden.[10]

Im Folgenden werden schwerpunktmäßig die elementaren Bereiche Syntax und Verzeichnisse (Directory) von UN/EDIFACT erläutert. Diese Auswahl wurde bewusst getroffen, da anhand der Syntax der grundlegende Aufbau einer EDI-Norm verdeutlicht werden kann. Dieser ist prinzipiell auf andere Normen übertragbar. Anhand der Verzeichnisse werden gleichzeitig Problemstellungen und Lösungsmöglichkeiten aufgezeigt, welche der praktische Einsatz einer internationalen Norm mit sich bringt. Weitergehende Aspekte von UN/EDIFACT wie beispielsweise die Implementierungsrichtlinien zur Umsetzung der Syntax oder die Richtlinien zur Auswahl und Gestaltung von Datenelementen können im Rahmen dieser Arbeit aus Platzgründen nicht berücksichtigt werden.

3.1. Syntax

Die in der Norm DIN ISO 9735 spezifizierte Syntax von EDIFACT wird durch die in Tabelle 2 dargestellten Komponenten gebildet.[11] Weil die Verwendung der deutschen Begriffe teilweise unüblichen ist, sind auch die jeweiligen englischen Bezeichnungen angegeben.

---

[9] Vgl. http://www.edileitfaden.de/edi-resources/edi-case-studies/, Zugriff am 27.07.2017
[10] Vgl. http://www.unece.org/trade/untdid/texts/d422_d.htm#aa, Zugriff am 27.07.2017
[11] Vgl. https://www.edigrid.de/edifact-nachrichtentypen/, Zugriff am 27.07.2017

Tabelle 2: Bezeichnungen der UN/EDIFACT-Syntax

Komponente (deutsch)	Komponente (englisch)
Zeichensatz	Character Set
Datenelement	Data Element
Datenelementgruppe	Composite Data Element
Segment	Segment
Nachricht	Message
Nachrichtengruppe	Functional Group
Übertragungsdatei	Interchange

Quelle: Eigene Darstellung

Mit Ausnahme des Zeichensatzes handelt es sich dabei um strukturelle Komponenten, die in einem hierarchischen Zusammenhang stehen. Die Bereiche Zeichensatz und strukturelle Komponenten werden in den beiden folgenden Kapiteln genauer beleuchtet.

3.2. Zeichensatz

Die UN/EDIFACT-Norm sieht die alternative Verwendung von sechs unterschiedlichen Zeichensätzen mit Typbezeichnungen A bis F vor. Die syntaktisch relevanten Unterschiede lassen sich anhand der Zeichensätze A und B verdeutlichen, da die Zeichensätze C bis F auf diesen beiden Typen basieren und lediglich um nationale Sonderzeichen erweitert sind.

Der Zeichensatz vom Typ A enthält ausschließlich druckbare Zeichen. Der erweiterte Zeichensatz vom Typ B enthält zusätzlich Steuer- und Trennzeichen. Tabelle 3 gibt einen Überblick der beiden Zeichensätze sowie der Sonderfunktionen bestimmter Zeichen.[12]

---

[12] Vgl. http://www.unece.org/trade/untdid/texts/d422_d.htm#aa, Zugriff am 27.07.2017

Tabelle 3: UN/EDIFACT Zeichensätze Typ A und Typ B

Bezeichnung	Ausprägung	Zeichensatz Typ A		Zeichensatz Typ B	
Großbuchstaben	A bis Z	✔		✔	
Kleinbuchstaben	a bis z			✔	
Ziffern	0 bis 9	✔		✔	
Leerzeichen		✔		✔	
Punkt	.	✔		✔	
Komma	,	✔		✔	
Bindestrich/Minus	-	✔		✔	
Öffnende Klammer	(	✔		✔	
Schließende Klammer	)	✔		✔	
Schrägstrich	/	✔		✔	
Gleichheitszeichen	=	✔		✔	
Ausrufungszeichen	!	✔		✔	
Anführungszeichen	"	✔		✔	
Prozentzeichen	%	✔		✔	
Kaufmännisches „und"	&	✔		✔	
Stern	*	✔		✔	
Semikolon	;	✔		✔	
Kleiner als Zeichen	<	✔		✔	
Größer als Zeichen	>	✔		✔	
Apostroph	'	✔	auch: Segment-Endezeichen	✔	
Pluszeichen	+	✔	auch: Segmentbezeichnerzeichen und Datenelement-Trennzeichen	✔	
Doppelpunkt	:	✔	auch: Gruppendatenelement -Trennzeichen	✔	
Fragezeichen	?	✔	auch: Freigabezeichen	✔	
Informations Trennzeichen IS 1				✔	Gruppendatenelement-Trennzeichen
Informations Trennzeichen IS 3				✔	Datenelement-Trennzeichen
Informations Trennzeichen IS 4				✔	Segment-Endezeichen

Quelle: Eigene Darstellung

Das Freigabezeichen „?" in Zeichensatz A stellt die ursprüngliche Bedeutung aller Zeichen her, welche eine syntaktische Bedeutung als Steuer- oder Trennzeichen haben. Dies betrifft die Zeichen „'", „+", „:" und „?". Die Zeichenfolge „?+" wird demnach als

Pluszeichen im Sinne mathematischer Addition interpretiert, das Zeichen „+" ohne vo-rangestelltes Fragezeichen wird als Datenelement-Trennzeichen oder Segmentbezeich-ner interpretiert.

Als Standard für die Kodierung der Zeichen gilt für beide Zeichensätze der in ISO 646 spezifizierte 7-Bit-Code. Die Verwendung einer abweichenden Kodierung muss zwi-schen den Kommunikationspartnern abgestimmt werden. Beispielsweise kann der 8-Bit-Code nach ISO 6947 und ISO 8859 verwendet werden.[13] Die Vereinbarung abweichender Steuer- und Trennzeichen ist ebenfalls möglich.

3.3. Strukturelle Komponenten

Die strukturellen Komponenten stehen in einem hierarchischen Zusammenhang, der in Abbildung 1 überblickartig wiedergegeben ist. In der gewählten Darstellung ist die Kom-plexität von der unteren Ebene (Datenelemente) bis zur oberen Ebene (Übertragungsda-tei) zunehmend. Die Komponenten werden nun in der Reihenfolge zunehmender Kom-plexität erläutert. Die Ausführungen zur Syntax werden durch die Aufschlüsselung des in Abbildung 4 dargestellten Beispiels einer Übertragungsdatei ergänzt. Es handelt sich da-bei um den Versand mehrerer Rechnungen.

Abbildung 1: Aufbau einer UN/EDIFACT-Datei

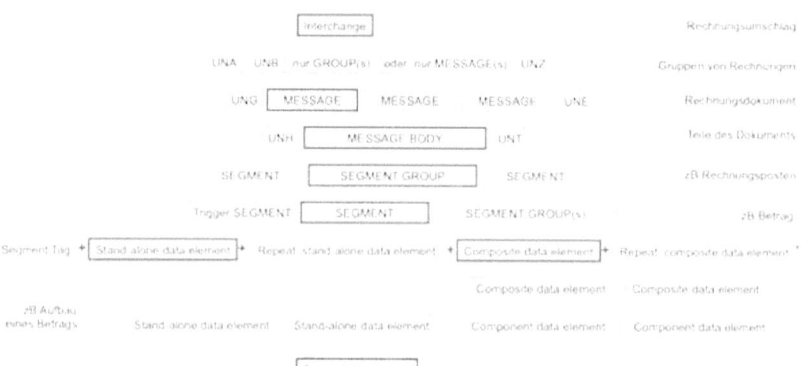

Quelle: https://ecosio.com/de/blog/2014/05/15/Aufbau-einer-EDIFACT-Datei/, Zugriff am 30.07.2017

---

[13] Vgl. http://www.unece.org/trade/untdid/texts/d422_d.htm#aa, Zugriff am 27.07.2017

3.4. Datenelement und Datenelementgruppe

Ein Datenelement ist eine Dateneinheit, "die in einem spezifischen Zusammenhang als unteilbar gilt"[14] und stellt die kleinste Einheit einer UN/EDIFACT-Nachricht dar. Es kann sich beispielsweise um einen Geldbetrag (Netto- oder Bruttopreis, Mehrwertsteuer), eine Stückzahl oder eine Artikelnummer handeln. Das Datenelement ist mit dem Datenfeld im Bereich der Datenbanksysteme vergleichbar. Jedes Datenelement wird durch einen eindeutigen, 4-stelligen Code identifiziert, trägt einen Namen und verwendet einen bestimmten Datentyp. Es stehen die Datentypen "numerisch", "alphabetisch", "alphanumerisch" und "ID" zur Verfügung, und die Länge des Datenfelds wird festgelegt.[15]

Bei der Verwendung des Datentyps "ID" werden die Informationen durch codierte Daten dargestellt, so dass für eine korrekte Interpretation eine entsprechende Codeliste benötigt wird.

Datenelemente sind bei einem sachlichen und logischen Zusammenhang zu einer Datenelementgruppe zusammengefasst, welche ihrerseits wiederum eindeutig gekennzeichnet ist. Bei jeder Gruppe ist festgelegt, ob die betreffenden Datenelemente darin vorkommen müssen oder ob sie optional verwendet werden können.[16]

3.5. Segmente

Ein Segment enthält einen Satz funktionell zusammenhängender Datenelemente und/oder Datenelementgruppen. Die Struktur einzelner Segmente ist fest definiert, d.h. Inhalt und Reihenfolge der Datenelemente und Datenelementgruppen innerhalb eines Segments ist vorgegeben. Der Bezeichner (englisch: Tag) legt den Segmenttyp und damit Aufbau und Art der enthaltenen Informationen durch eine dreistellige Buchstabenkombination fest.[17]
Es gibt zwei Typen von Segmenten: Nutzdatensegmente und Servicedatensegmente.

---

[14] Schmoll, Thomas, Nachrichtenaustausch mit EDI/EDIFACT, 1994, S. 69
[15] Vgl. https://www.ibm.com/support/knowledgecenter/de/temp_sterlingb2bcloud/com.ibm.help. scnoverview.doc/SCN_Data_Elements.html, Zugriff am 27.07.2017
[16] Vgl. Georg, Thorsten, EDIFACT: Ein Implementierungskonzept für mittelständische Unternehmen, 1993, S. 70
[17] Vgl. Georg, Thorsten, EDIFACT: Ein Implementierungskonzept für mittelständische Unternehmen, 1993, S. 82

Nutzdatensegmente (User Data Segments) enthalten Daten, die mit den Informationen auf einem klassischen Papierdokument vergleichbar sind, beispielsweise die Bestandteile einer Kundenadresse oder Angaben zur Bankverbindung.

Servicedatensegmente (Service String Advice) enthalten Servicedatenelemente wie beispielsweise Zeichensatzinformationen, das Erstellungsdatum der Übertragungsdatei oder Prioritätsinformationen. Der Bezeichner von Servicedatensegmenten beginnt stets mit der Zeichenfolge "UN". Dementsprechend darf ein Nutzdatensegment nicht mit dieser Zeichenfolge beginnen.[18] Die Servicedatensegmente werden im Kontext der Übertragungsdatei genauer erläutert (s.u.). In der Verwendung des Begriffes "Segment" findet sich eine terminologische Unschärfe der UN/EDIFACT-Norm, da die Nutzdatensegmente eine eindeutige hierarchische Position innehaben, Servicedatensegmente jedoch in mehreren hierarchischen Stufen zum Einsatz kommen.

Segmente, welche in logischem Zusammenhang stehen, können ihrerseits zu Segmentgruppen zusammengefasst werden. Die Gruppen werden durch eine Nummer identifiziert, und es kann angegeben werden, wie oft die darin enthaltenen Segmente sich jeweils wiederholen dürfen. Neben Segmenten können auch Segmentgruppen selbst in einer anderen Segmentgruppe verwendet werden.[19]

3.6. Nachricht und Übertragungsdatei

Eine UN/EDIFACT-Nachricht besteht aus einer Anzahl Segmenten oder Segmentgruppen in einer festgelegten Reihenfolge. Dabei muss mindestens ein Nutzdatensegment mit mindestens einem Datenelement enthalten sein. Eine Nachricht übernimmt in der Regel die Funktion eines herkömmlichen Papierdokuments, beispielsweise einer Rechnung oder eines Lieferscheins.

Zu jedem Nachrichtentyp ist festgelegt, welche Segmente und Segmentgruppen in welcher Reihenfolge verwendet werden dürfen. Dabei wird zu jedem Segment beschrieben, ob dieses zwingend oder optional ist und wie viele Male es sich wiederholen kann.

---

[18] Vgl. https://de.wikipedia.org/wiki/EDIFACT, Zugriff am 27.07.2017
[19] Vgl. https://ecosio.com/de/blog/2014/05/15/Aufbau-einer-EDIFACT-Datei/, Zugriff am 30.07.2017

Mit dem Nachrichtentyp "ORDERS" können Bestellungen beim Lieferanten gemacht werden. Der UN/EDIFACT-Standard definiert den Aufbau dieses Nachrichtentyps wie folgt:

Abbildung 2: Layout einer UN/EDIFACT-Nachricht

UNA	Segmente für Trennzeichenvorgabe	Kann-Segment
UNB	**Nutzdaten-Kopfsegmente**	**Muss-Segment**
	--	
UNH	**Nachrichten-Kopfsegment**	**Muss-Segment**
BGM	**Beginn der Nachricht**	**Muss-Segment**
RFF	Referenzangaben	Kann-Segment
CTA	Kommunikationspartner	Kann-Segment
NAD	Name und Anschrift	Kann-Segment
FII	Bankverbindung	Kann-Segment
TRI	Steuerangaben	Kann-Segment
CUX	Währungsangaben	Kann-Segment
PAT	Zahlungsbedingungen	Kann-Segment
UNS	**Abschnittskontrollsegment**	**Muss-Segment**
LIN	**Positionsdaten**	**Muss-Segment**
IMD	Beschreibung der Positionen	Kann-Segment
DTM	Datum-/Zeitangabe	Kann-Segment
UNS	**Abschnittskontrollsegment**	**Muss-Segment**
TMA	**Endsumme der Nachricht**	**Muss-Segment**
TXS	Steuer-Zwischensumme	Kann-Segment
FXT	Freier Text	Kann-Segment
UNT	**Nachrichten-Endsegment**	**Muss-Segment**
	--	
UNZ	**Nutzdaten-Endsegment**	**Muss-Segment**

Quelle: In Anlehnung an Georg, Thorsten, EDIFACT: Ein Implementierungskonzept für mittelständische Unternehmen, 1993, Seite 81

Die eigentliche Nachricht beginnt immer mit dem Segment „UNH", dem Nachrichtenkopf, worin unter anderem der Nachrichtentyp angegeben wird. Das Segment „UNT" steht jeweils an letzter Stelle einer Nachricht und enthält Prüfinformationen.[20]

Auf Ebene der Nachrichten besteht die Möglichkeit der progressiven Datenübermittlung. In diesem Fall wird bei der ersten Übertragung nur ein Teil der Datenelemente übertragen.

---

[20] Vgl. Georg, Thorsten, EDIFACT: Ein Implementierungskonzept für mittelständische Unternehmen, 1993, S. 82

In einer (oder mehreren) folgenden Übertragung(en), werden fehlende Datenelemente ergänzt oder bereits übertragene aktualisiert.

Mehrere Nachrichten desselben Typs werden zu einer Nachrichtengruppe zusammengefasst. Gekennzeichnet wird diese Bündelung durch die Segmente „UNG" und „UNE".
Eine Übertragungsdatei ergibt sich schließlich durch das Zusammenfassen der Nachrichtengruppen „UNB" und „UNZ".

Eine Übertragungsdatei besteht entweder aus Nachrichtengruppen oder – unter Auslas-
sung der Gruppierungsmöglichkeit für Nachrichten – nur aus Nachrichten. Um Komponenten einer Übertragungsdatei voneinander zu trennen, werden sogenannte Delimiter
verwendet. Im ersten Segment (UNA) einer Übertragungsdatei kann festgelegt werden,
welche Delimiter eingesetzt werden. Normalerweise werden Datenelemente durch den
Delimiter "+" getrennt, zur Unterscheidung von Datenelementgruppen wird das Zeichen
":" verwendet, und zur Kennzeichnung eines Segmentendes dient ein Apostroph (').[21]

Die obigen Ausführungen erklären, welche Komponenten bei UN/EDIFACT zur Verfügung stehen und wie daraus eine Übertragungsdatei aufgebaut werden kann. Im Folgenden wird gezeigt, wie eine konkrete Datei aussehen könnte, um eine Kaufbestellung zu
übermitteln. Dabei wird auf den Nachrichtentyp "ORDERS" und einige Segmenttypen
zurückgegriffen, welche nicht genauer erklärt wurden. Wie diese Komponenten im Detail
aufgebaut werden müssen, interessiert in diesem Zusammenhang nicht; das Beispiel soll
lediglich einen groben Eindruck vermitteln und den allgemeinen Aufbau der Datei ver-
anschaulichen.

Ausgangslage: Peter Sender von der Firma "Kauf AG" (Code: 98765) bestellt bei "Hans
Empfänger" (Firma "Verkauf AG") den Artikel mit der ID 6666. Dieser Artikel wird beim
Verkäufer unter der Nummer 555 geführt. Möglicher Inhalt einer UN/EDIFACT-Über-
tragungsdatei:

---

[21] Vgl. Dawson, Jim, Wainwright, John, Pro Mapping in BizTalk Server 2009, 2009, S. 286

Abbildung 3: Beispiel UN/EDIFACT-Nachrichtentyp ORDERS

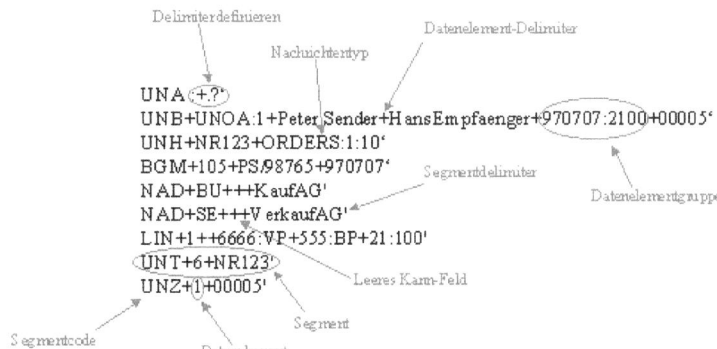

Quelle: Eigene Darstellung

3.7. Nachrichtentypen

Der UN/EDIFACT-Standard stellt zurzeit ca. 200 Nachrichtentypen zur Verfügung, welche in verschiedenen Bereichen und Branchen eingesetzt werden.[22] Neue Nachrichtentypen sind zudem in Entwicklung und müssen etliche Stufen und Prozeduren durchlaufen, bis sie von der UN veröffentlicht werden.

Einige Nachrichtentypen sind speziell auf eine bestimmte Branche zugeschnitten, während andere, wie beispielsweise Bestellungen (ORDERS) und Rechnungen (INVOIC), allgemein verwendet werden können.[23]

3.8. Verzeichnisse

Für den praktischen Einsatz von UN/EDIFACT müssen konkrete Typen der strukturellen Komponenten definiert werden. Dies könnte beispielsweise ein Datenelement zur Speicherung einer Jahresangabe oder auf höherer syntaktischer Ebene eine Nachricht zur Verwirklichung einer Mahnung sein. Die Bemühungen der Vereinten Nationen um eine Vereinheitlichung des internationalen Datenaustauschs umfassen auch die Ebene der Ausprä-

---

[22] Vgl. GS1 Switzerland, EDI Electronic Data Interchange, 2017, S. 8
[23] Vgl. GS1 Switzerland, EDI Electronic Data Interchange, 2017, S. 8

gung von Typen der strukturellen Komponenten. Die von den Vereinten Nationen verabschiedeten und veröffentlichten Typen der jeweiligen Komponenten sind in Verzeichnissen zusammengefasst. Tabelle 4 gibt einen Überblick der Verzeichnisse.

Tabelle 4: UN/EDIFACT-Verzeichnisse

Komponente	Verzeichnis
Datenelement	EDED – UN/EDIFACT Data Element Directory
Datenelementgruppe	EDCD – UN/EDIFACT Composite Data Element Directory
Segment	EDSD – UN/EDIFACT Segment Directory
Nachricht	EDMD – UN/EDIFACT Standard Message Directory

Quelle: Eigene Darstellung

Der Standard der Verzeichnisse wird regelmäßig überarbeitet, ergänzt und in einer aktualisierten Version veröffentlicht. Dies geschieht in der Regel zweimal jährlich jeweils am 1.April und am 1.Oktober. Die einzelnen Versionen werden als Verzeichnis (Directory) bezeichnet und nach einem bestimmten Ordnungssystem benannt. Das aktuell seit April 2017 gültige Verzeichnis ist UN/EDIFACT D.17A. Die Bezeichnung setzt sich zusammen aus D für Directory, Jahreszahl und A bzw. B für die Veröffentlichung April bzw. Oktober des jeweiligen Jahres.[24]

Die in den Verzeichnissen zusammengefassten Komponenten stellen eine möglichst allgemeingültige, generische Struktur zur Verfügung, um den Ansprüchen des internationalen Datenaustauschs zu genügen. Für den Fall einer Nachricht vom Typ "INVOIC" bedeutet dies beispielsweise, dass die Rechnung unabhängig von Branche oder Berechnungsgegenstand (z.B. Miet-, Leasing- oder Handelsgeschäft) eingesetzt werden kann. Problematisch ist hierbei, dass die Berücksichtigung von selten genutzten Spezialfällen das zu übertragende Datenvolumen unnötig in die Höhe treibt. Dem Problem wird durch ein zusätzliches Merkmal von Segmenten, Datenelementgruppen und Datenelementen begegnet. Dieses Merkmal beschreibt, ob es sich um obligatorische (mandatory) oder fakultative (conditional) Bestandteile einer Nachricht handelt. Fakultative Bestandteile

---

[24] Vgl. https://www.unece.org/tradewelcome/un-centre-for-trade-facilitation-and-e-business-uncefact/outputs/standards/unedifact/directories/2011-present.html, Zugriff am 30.07.2017

können, falls sie nicht benötigt werden, einfach ausgelassen werden, hingegen obligatorische Bestandteile zwingend notwendig sind. Es existieren noch weitere Möglichkeiten der Spezialisierung generischer Komponenten, wie beispielsweise die Benutzung von Qualifikatoren zur Bedeutungseinschränkung eines Datenelements. Resultiert aus dem Spezialisierungsprozess insgesamt eine Menge, die weiterhin konform mit der ursprünglichen, generischen Struktur ist, so wird diese als Untermenge (Subset) bezeichnet.[25]

4. Weiterentwicklungen und Subsets

Den Vorteilen eines internationalen Standards zum Datenaustausch wie UN/EDIFACT stehen Nachteile gegenüber, die nicht zuletzt aus der großen Anzahl teil- und einflussnehmender Parteien resultieren. So ist die Neuentwicklung bzw. Wartung der Standardkomponenten (Verzeichnisse, Subsets) ein zeitintensiver Prozess, da stets die Interessen zahlreicher potentieller Nutzer geprüft, bewertet und umgesetzt werden müssen. Andererseits ist der Einsatzbereich durch eine hohe Dynamik gekennzeichnet, und es muss es den Anwendern möglich sein, auch kurzfristig auf sich ändernde Rahmenbedingungen zu reagieren:

"As soon as one international agreement enabling communication among thousands of people around the world has been reached, new demands have already been created."[26]

Die im folgenden diskutierten Weiterentwicklungen auf dem Gebiet des EDI bzw. des Formates UN/EDIFACT haben eine schnellere und bessere Anpassung der Datenübertragung an die konkreten Benutzerbedürfnisse zum Ziel.

4.1. XML

Extensible Markup Language (XML) ist eine Entwicklung mit welcher der elektronische Datenaustausch vereinheitlicht wurde, jedoch flexibel und anpassbar bleibt. XML wurde im Februar 1998 veröffentlicht und ist wie die Hypertext Markup Language (HTML) eine Untermenge der Standard Generalized Markup Language (SGML). Im Vergleich zu HTML ist XML jedoch bedeutend mächtiger. So ist es beispielsweise mittels Style Sheets möglich, innerhalb eines Dokuments neue Bezeichner zu definieren.

---

[25] Vgl. GS1 Switzerland, EDI Electronic Data Interchange, 2017, S. 8

[26] Salminen, Airi, EDIFACT for Business Computers: Has it Succeeded?, 1995, S. 34

Mit XML wird die Verschmelzung von fünf Technologien bezeichnet:

- EDI
- Template
- Agent
- Repository

In einem Template werden grundsätzliche Regeln zur Interpretation von XML-Dateien hinterlegt. Agents interpretieren Templates und führen die entsprechenden Aktionen aus. Im Repository wird die Bedeutung von EDI-Elementen hinterlegt. Der Benutzer kann die semantischen Informationen im Repository über manuelle und automatische Suchfunktionen erreichen.[27]

Gegenüber dem traditionellen EDI-Lösungen wie UN/EDIFACT und ANSI X.12 besitzt XML Möglichkeiten zur Gestaltung aktiver und interaktiver Komponenten. So könnten per XML-Eingabemaske erfasste und validierte Daten automatisch in ein EDI-Austauschformat überführt werden.[28]

Auch die angestrebte, aber bisher nicht verwirklichte Verschmelzung von UN/EDIFACT und ANSI X.12 kann mit XML erreicht werden:

Die Einführung von XML war unumstritten und ist ein Meilenstein bei der Zusammenführung des elektronischen Datenaustausches zwischen den USA und Europa und hat die Türen für weitere Vereinheitlichungen geöffnet.[29]

4.2. EANCOM

EANCOM ist ein Subset des UN/EDIFACT-Standards, der weltweit in der Konsumgüterindustrie bzw. Handelsunternehmen angesiedelt ist. Durch die hohe Popularität von EANCOM wird der Standard mittlerweile aber auch in anderen Industriebereichen, wie zum Beispiel dem Gesundheitssektor, eingesetzt. Im Gegensatz zum sehr umfangreichen UN/EDIFACT Standard reduziert EANCOM die verschiedenen EDI-Nachrichten auf die wesentlichsten Muss-Felder, die für einen bestimmten Geschäftsprozess bzw. für einen

---

[27] Vgl. https://www.computerwoche.de/a/xml-wird-zum-standard-fuer-den-datenaustausch,1074518, Zugriff am 30.07.2017
[28] Vgl. GS1 Switzerland, EDI Electronic Data Interchange, 2017, S. 9
[29] Vgl. Riggert, Wolfgang, ECM – Enterprise Content Management, 2009, S. 48

bestimmten Nachrichtentyp unbedingt notwendig sind. Aktuell umfasst der EANCOM-Standard rund 50 unterschiedliche Nachrichtentypen.[30]

Abbildung 4: Teilmengen von UN/EDIFACT und EANCOM

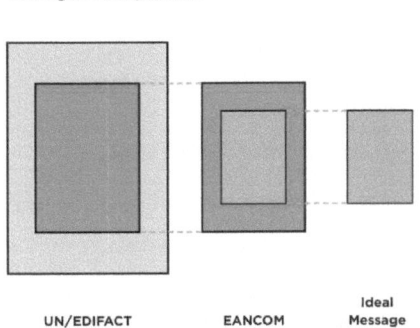

Quelle: GS1 Switzerland, EDI Electronic Data Interchange, 2017, S. 8

Zusätzlich definiert EANCOM auch die logische Abfolge von Nachrichten, die in einem bestimmten Geschäftsbereich eingesetzt werden. Die folgende Abbildung zeigt die Nachrichtenflüsse, die mit Hilfe von EANCOM abgebildet werden können. Neben Käufer und Verkäufer finden sich auch Nachrichten für die Kommunikation mit Logistikdienstleistern sowie mit Banken.

---

[30] Vgl. GS1 Switzerland, EDI Electronic Data Interchange, 2017, S. 8

Abbildung 5: EANCOM – beteiligte Unternehmen

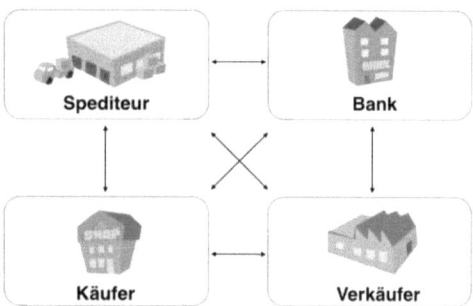

Quelle: https://ecosio.com/de/blog/2014/06/20/EANCOM-ein-Beispiel-fuer-ein-EDIFACT-Subset/, Zugriff am 30.07.2017

Die einzelnen Nachrichtentypen in EANCOM lassen sich grob in die folgenden drei Kategorien einteilen. Stammdatenabgleich, Transaktionen und Reporting/Planung.

Die folgende Abbildung gibt einen Überblick über die wichtigsten EANCOM-Nachrichtentypen und ihre Austauschreihenfolge.

Abbildung 6: EANCOM Nachrichtenabfolge

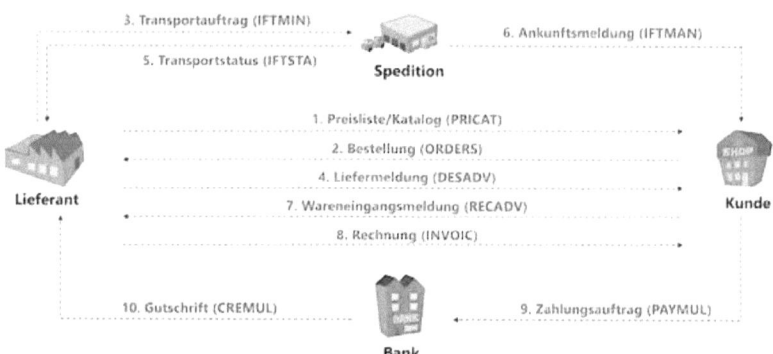

Quelle: https://ecosio.com/de/blog/2014/06/20/EANCOM-ein-Beispiel-fuer-ein-EDIFACT-Subset/, Zugriff am 30.07.2017

Die drei wichtigsten Nachrichtentypen sind dabei mit Abstand ORDERS (Bestellung), DESADV (Lieferavis) und INVOIC (Rechnung).[31]

Ein wesentlicher Vorteil von EANCOM im Gegensatz zum klassischen UN/EDIFACT ist die Nutzung der weltweit bekannten und eindeutigen EAN-Identifizierungsnummer. Daraus folgt, dass ein Unternehmen keine komplexen Querverweise für verschiedene Handelspartner mehr führen muss. Durch die vereinfachte Struktur ist EANCOM auch weniger Anfällig für Fehler.[32]

5. Fazit

Die Entwicklung und der Einsatz von EDI zielen generell auf eine Vereinfachung und Beschleunigung der geschäftlichen Kommunikation ab. Mit der Etablierung von Normen und Standards konnte dieses Ziel in Teilbereichen erreicht werden. In einem zunehmend von Wettbewerbsdruck und Internationalisierung geprägten Umfeld machten sich jedoch verstärkt die Probleme von "Insellösungen" bemerkbar. Die ursprünglich angestrebten Vorteile werden im Extremfall durch Reibungsverluste an den Schnittstellen zwischen Handelspartnern zunichtegemacht.

Die internationale Gültigkeit der UN/EDIFACT-Norm verleiht ihr im Bereich EDI daher eine herausragende Bedeutung, die sich auch in der mittlerweile weiten Akzeptanz widerspiegelt. Um den heterogenen Bedürfnissen verschiedener Branchen, Länder sowie den differenzierten Ansprüchen an eine weltweit gültige Norm zu genügen, sind die UN/EDIFACT-Nachrichten allerdings durch eine komplexe Struktur charakterisiert. Die schnellere und für den Benutzer verständliche Anpassung dieser Strukturen an sich ändernde geschäftliche Rahmenbedingungen ist das Ziel der Weiterentwicklungen im Bereich EDI – siehe am Beispiel EANCOM.

Die Schwierigkeiten in der Praxis bestehen momentan eher im richtigen Einsatz der verfügbaren Mittel, denn auch beim einheitlichen Einsatz von UN/EDIFACT hat sich gezeigt, dass eine permanente Feinabstimmung zwischen den Kommunikationspartnern notwendig ist.

---

[31] Vgl. https://ecosio.com/de/blog/2014/06/20/EANCOM-ein-Beispiel-fuer-ein-EDIFACT-Subset/, Zugriff am 30.07.2017
[32] Vgl. http://www.edileitfaden.de/edi-resources/document-standards/eancom/, Zugriff am 30.07.2017

Literaturverzeichnis

Dawson, Jim, Wainwright, John (Delimiter, 2009): Pro Mapping in BizTalk Server 2009, 1. Aufl., New York: Apress, 2009

Georg, Thorsten (EDIFACT, 1993): EDIFACT: Ein Implementierungskonzept für mittelständische Unternehmen, 1. Aufl., Wiesbaden: DUV, 1993

GS1 Switzerland (EDI, 2017): EDI Electronic Data Interchange, 1. Aufl., Bern: GS1 Switzerland, 2017

Pur, Sabine; Stahl, Ernst; Wittmann, Georg; Weisheit, Silke (Rechnungsversand per EDI, 2012): 70 % Kosteneinsparungen beim Mittelständler, 1. Aufl., Regensburg: Netzwerk Elektronischer Geschäftsverkehr ibi research an der Universität Regensburg GmbH, 2012

Riggert, Wolfgang (XML, 2009): ECM - Enterprise Content Management, 1. Aufl., Heidelberg: Vieweg + Teubner Verlag, 2009

Schmoll, Thomas (EDI/EDIFACT, 1994): Handelsverkehr, elektronisch, weltweit: Nachrichtenaustausch mit EDI/EDIFACT, 1. Aufl., Burgthann: Markt + Technik, 1994

Salminen, Airi (EDIFACT, 1995): EDIFACT for business computers: Has it succeeded?, 1. Aufl., New York: StandardView, 1995

Internetquellen

Computerwoche (XML, 2000): XML wird zum Standard für den Datenaustausch (21.04.2000), https://www.computerwoche.de/a/xml-wird-zum-standard-fuer-den-datenaustausch,1074518 (Zugriff am 30.07.2017, 14:40 Uhr MEZ)

EDI Leitfaden (EDI, keine Datumsangabe): EDI-Fallstudie (keine Datumsangabe), http://www.edileitfaden.de/edi-resources/edi-case-studies/ (Zugriff am 27.07.2017, 17:15 Uhr MEZ)

EDI Leitfaden (EDI, keine Datumsangabe): EANCOM (keine Datumsangabe), http://www.edileitfaden.de/edi-resources/document-standards/eancom/ (Zugriff am 30.07.2017, 14:50 Uhr MEZ)

EDI Grid (EDI, keine Datumsangabe): EDIFACT Nachrichtentypen (keine Datumsangabe), https://www.edigrid.de/edifact-nachrichtentypen/ (Zugriff am 27.07.2017, 17:43 Uhr MEZ)

EDI-Wissen.de (EDI, keine Datumsangabe): EDI (keine Datumsangabe), http://edi-wissen.de/edi/konzepte/edi/ (Zugriff am 27.07.2017, 16:50 Uhr MEZ)

IBM (EDI, keine Datumsangabe): Datenelemente (keine Datumsangabe), https://www.ibm.com/support/knowledgecenter/de/temp_ster-lingb2bcloud/com.ibm.help.scnoverview.doc/SCN_Data_Elements.html (Zugriff am 27.07.2017, 17:55 Uhr MEZ)

Liegl, Philipp (EDIFACT, 2014): Aufbau einer EDIFACT-Datei (15.05.2014), https://ecosio.com/de/blog/2014/05/15/Aufbau-einer-EDIFACT-Datei/ (Zugriff am 30.07.2017, 10:35 Uhr MEZ)

Liegl, Philipp (EANCOM, 2014): Überblick über das EDIFACT EANCOM-Format (20.06.2014), https://ecosio.com/de/blog/2014/06/20/EANCOM-ein-Beispiel-fuer-ein-EDIFACT-Subset/ (Zugriff am 30.07.2017, 11:00 Uhr MEZ)

Liegl, Philipp (EDI, 2015): Was ist Elektronischer Datenaustausch (EDI) und welche Vorteile entstehen durch EDI (22.01.2015), https://ecosio.com/de/blog/2015/01/22/Was-ist-elektronischer-Datenaustausch-EDI-und-was-sind-die-Vorteile-durch-EDI/ (Zugriff am 27.07.2017, 17:25 Uhr MEZ)

Wikipedia (EDI, 2017): Elektronischer Datenaustausch (03.04.2017), https://de.wikipedia.org/wiki/Elektronischer_Datenaustausch (Zugriff 27.07.2017, 16:32 Uhr MEZ)

United Nations Economic Commission for Europe (EDIFACT, keine Datumsangabe): UN/EDIFACT DRAFT DIRECTORY (keine Datumsangabe), http://www.un-ece.org/trade/untdid/texts/d422_d.htm#aa (Zugriff am 27.07.2017, 17:05 Uhr MEZ)

United Nations Economic Commission for Europe (EDIFACT, 2017): Directories(2017), https://www.unece.org/tradewelcome/un-centre-for-trade-facilitation-and-e-business-uncefact/outputs/standards/unedifact/directories/2011-present.html (Zugriff am 30.07.2017, 12:10 Uhr MEZ)

BEI GRIN MACHT SICH IHR WISSEN BEZAHLT

- Wir veröffentlichen Ihre Hausarbeit, Bachelor- und Masterarbeit

- Ihr eigenes eBook und Buch - weltweit in allen wichtigen Shops

- Verdienen Sie an jedem Verkauf

Jetzt bei www.GRIN.com hochladen und kostenlos publizieren